9마당 징계, 희망의 디딤돌

Punishment, a Stepping Stone of Hope

○○○●●

소그룹 성경통독 _ 9마당 징계, 희망의 디딤돌

초판 1쇄 발행 2007년 7월 20일
3쇄 발행 2018년 10월 9일

지은이 · 조병호
펴낸곳 · 도서출판 **통독원**
주 소 · 서울시 강남구 논현동 278-3
전 화 · 02)525-7794
팩 스 · 02)587-7794
홈페이지 · www.tongbooks.com
등 록 · 제22-2766호(2005.6.27)

ISBN 978-89-92247-18-4 04230
ISBN 978-89-92247-00-9 (전 20권)

소그룹 성경통독 9마당

징계, 희망의 디딤돌

조병호

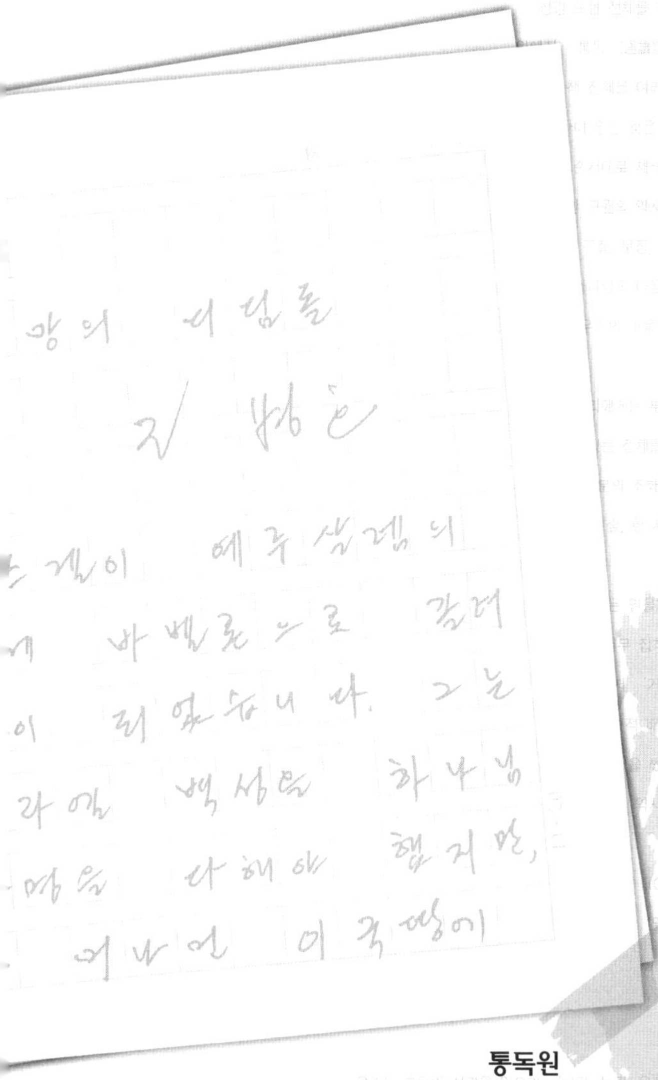

통독원

《소그룹 성경통독》을 펴내며

《소그룹 성경통독》 시리즈는 성경과 더욱 가까워지길 원하는 사람들을 위한 책입니다. 이 시리즈는 성경 66권 전체를 다루고 있으며, 시간 흐름에 따라 성경을 역사적 순서대로 재배열하여 체계적인 성경공부가 가능하도록 구성되어 있습니다.

이 책을 통해 세계를 경영하시는 하나님의 놀라운 섭리를 깨닫게 될 것이며, 그분의 말씀에 순종함으로써 삶의 현장 속에서 훌륭하게 쓰임 받았던 하나님의 사람들을 전인격적으로 만나게 될 것입니다.

여러분과 소그룹 구성원들이 이 책을 통해 성경을 통독하는 놀라운 기쁨을 새롭게 체험하길 바랍니다. 각 개인에게는 신앙의 견고성이 더해지고, 성도 간에는 깊은 교제가 이루어질 수 있도록, 본서는 구체적이고 실질적인 도움을 제공할 것입니다. 말씀을 사모하는 여러분에게 하나님께서 충만한 은혜와 지혜를 부어주시기 바랍니다.

목 차

이 책의 구성

《소그룹 성경통독》 시리즈의 전체 구성은 다음과 같습니다.
- 20개의 〈마당〉 : 성경 전체를 역사 순서대로 재배열하여 20개 마당으로 묶음.
- 66개의 〈숲이야기〉 : 한 마당은 2~4개의 〈숲이야기〉로 구성됨.
- 240개의 〈나무〉 : 소그룹 성경통독을 할 때, 1회의 분량으로 적절한 단위.

1. 소그룹 성경통독의 진행 순서

찬양과 기도 그날 통독본문의 주제와 어울리는 찬양을 함께 부른 후, 성경을 통독하는 가운데 하나님의 마음과 뜻을 깨달아 알 수 있는 지혜를 달라고 기도드립니다.

마음열기 〈나무〉의 내용 중에서 생각해 보아야 할 중요 주제에 대해, 먼저 일상적인 삶 속에서 꺼내어 볼 수 있는 이야기로 생각과 마음을 편하게 나눕니다.

함께읽기 전체 통독본문은 각자가 미리 읽어오는 것이 좋습니다. 그리고 소그룹 모임에서는 '함께 읽으면 좋은 성경 한 장'을 다같이 통독합니다. 합독이나 교독 등, 모든 참석자가 소리를 내어 함께 읽는 것이 좋습니다.

친해지기 그날 모여서 함께 읽은 성경 내용 중에서 쉽게 답을 찾아보고 상상해볼 수 있는 질문입니다. 성경과 친해지는 계기로 삼아보십시오.

말씀의 숲길로

부분이 아닌 전체로, 통전적 관점에서 성경을 보는 안목을 제시합니다. 글의 문맥을 따라가며, 하나님께서 역사하신 '그때 거기서'의 현장 속으로 들어가보십시오.

성경의 빈칸 채워 넣기

각 〈나무〉의 내용 중에서 중요 성경구절을 선별하여, 그 중 2-3개의 단어나 어절에 빈칸을 만들어 두었습니다. 전체 흐름상 그 빈칸에 들어갈 적절한 말이 무엇일지 스스로 생각해 답을 적어 본 후, 정답을 확인해 보십시오. 소그룹 모임의 경우, 각자의 답과 왜 그렇게 생각했는지를 이야기하고, 함께 답을 찾아 읽어보는 것도 좋습니다.

보석찾기

본문 내용 전체를 살핀 뒤, 해당 〈나무〉에서 중요하게 다룬 성경의 내용을 확인해 둡니다.

마음나누기

해당 〈나무〉의 내용을 기초로 말씀을 삶 속에 적용해 보고, 실천의 방향을 함께 나누는 것입니다. 혼자의 경우는 생각해 적어 보고, 소그룹 모임의 경우, 각자 적은 내용을 서로 나누도록 합니다.

기도

그날의 성경통독 모임을 통해 깨닫고 느낀 하나님의 마음, 그리고 그 말씀의 기반 위에서 함께 실천하기로 다짐해야 할 사항들을 생각하며 간절히 기도합니다.

2. 일곱 가지 팁

이 책에 실린 팁들은 일곱 가지 종류로 분류되어 있으며, 본문을 읽어가는 중에 참고하시면 성경에 대한 지식과 깊이 있는 이해를 더하는 데에 도움이 됩니다.

하나님의 계획	인간의 짧은 생각으로는 이해할 수 없는 하나님의 깊은 마음과 큰 계획을 소개합니다.
하나님의 사람들	영성과 사회성을 갖춘 하나님의 사람들과 그들이 만들어가는 믿음의 역사를 조명합니다.
리더십	하나님의 사람들이 보여주는 삶의 모범과 리더십의 면모들을 살펴봅니다.
메시지	성경의 사건과 인물들의 삶의 내용을 통해 말씀이 우리의 구체적 삶에 던지는 감동과 깨달음을 새겨봅니다.
지혜창고	성경은 한없는 지식과 지혜의 창고입니다. 성경을 통독해 갈 때에 도움이 될 만한 사항들과 지혜의 실마리들을 정리하여 실었습니다.
알아두기	성경을 통독해 갈 때에 알아두면 좋은 지식이나 정보 등을 담았습니다.
αΩ 원어해설	성경을 이해하는 데 핵심이 되는 단어들의 히브리어와 헬라어 원어의 뜻을 살펴봄으로써 더 깊은 성경 이해로 나아가도록 돕습니다.

9마당 둘러보기

아무리 둘러봐도 보이는 것으로는 희망이라는 답이 안 나오는 경우가 있습니다. 내 힘으로는 끝이라고 생각이 들 때, 내일과 미래가 보이지 않을 때, 우리에게는 하나님의 계획을 바라볼 수 있는 믿음의 눈이 필요합니다. 이스라엘 백성들은 눈에 보이는 암울하고 처참한 환경 속에서 좌절하고 실망했습니다. 그러나 하나님께서는 에스겔과 다니엘 같은 하나님의 사람들을 통해 현재 눈에 보이는 것들이 전부가 아니라고 말씀하십니다. 그들을 위한 훈련이며 교육의 시간이라고 강조하십니다. 쇳덩이를 오래 두드리고 세게 연단할수록 더욱 좋은 쇠가 만들어집니다. 지금 이스라엘 백성들이 놓여 있는 그 훈련의 자리는 다름 아닌 '희망의 디딤돌' 을 놓아가는 시간인 것입니다.

숲이야기 1

그발 강변의 설득

에스겔

나무 129

파수꾼으로의 부르심

겔 1-3장

찬양 **찬송가 –** 347장 · 겸손히 주를 섬길 때
찬　양 – 사망의 그늘에 앉아

기도 이 시간, 말씀을 통독하는 가운데 하나님의 마음과 뜻을 깨달아 알 수 있도록 지혜를 주옵소서.

마음열기 당신이 생각하는 파수꾼의 역할은 무엇입니까?

함께읽기 함께 에스겔 3장을 읽어봅시다.

친해지기 에스겔은 바벨론 포로생활을 하는 가운데 하나님의 부름을 받습니다. 제사장이었던 그가 이스라엘 족속을 위해 맡은 역할은 무엇입니까?

말씀의 숲길로 ○●●

젊은 제사장 에스겔이 예루살렘의 여러 기술자들과 함께 바벨론으로 끌려간 지도 벌써 5년이 되었습니다. 그는 제사장으로서 이스라엘 백성을 하나님께 중보해야 할 사명을 다해야 했지만, 그의 현재 모습은 머나먼 이국땅에 끌려 온 포로민에 지나지 않았습니다. 바로 그때 하나님께서는 에스겔을 찾아오셔서 절망에 빠진 그에게 말씀을 시작하십니다.

"서른째 해 넷째 달 초닷새에 내가 그발 강 가 사로잡힌 자 중에 있을 때에 하늘이 열리며 하나님의 모습이 내게 보이니 여호야긴 왕이 사로잡힌 지 오 년 그 달 초닷새라" 겔 1:1-2

지금 바벨론에 끌려와 있는 포로들의 생각은, 기회만 주어진다면 바로 예루살렘으로 돌아가겠다는 것입니다. 그러나 하나님의 계획은 그들이 하나님을 섬기는 가운데 바벨론에서 우뚝 솟는 민족이 되는 것입니다. 에스겔이 하나님께 받은 사명은 1, 2, 3차로 끌려온 사람들에게 그들이 왜 끌려와야 했는지를 설명하고, 그들을 위로하는 것이었습니다.

"또 내게 이르시되 인자야 내가 네게 이를 모든 말을 너는 마음으로 받으며 (　　　)로 듣고 사로잡힌 네 (　　　　　) 에게로 가서 그들이 듣든지 아니 듣든지 그들에게 고하여 이르기를 주 (　　　　　　　　)의 말씀이 이러하시다 하라" 겔 3:10-11

하나님의 사람들

에스겔과 예레미야 / 예루살렘에서는 예레미야가 국가의 종말을 고하고 있고, 이곳 바벨론에서는 에스겔이 유다 왕국의 마지막을 선언하고 있다. 에스겔은 하나님의 영광이 성전을 떠나시는 것을 보고 있다. 비록 환상이지만 하나님의 영광이 떠나 버린 예루살렘을 보고 있는 현재 에스겔의 마음은 하나님의 영광이 사라진 예루살렘 성 앞에서 애통했던 예레미야의 슬픔과 다를 것이 없었다.

☑ 알아두기

인자/ '인자'를 뜻하는 히브리어 '벤 아담'은 문자적으로 '사람의 아들'이라는 뜻을 갖는다. '인자'는 초월적인 하나님의 위엄 앞에 나약한 에스겔의 인간성을 보여준다. 본문에서는 유다 백성들에게 보냄을 받는 에스겔의 호칭으로 사용되고 있다.

메시지

징계의 소중함 / 징계는 사랑이고 교육이며 사명 재인식을 위한 것이다. 이 시기는 징계의 시기이다. 징계는 하는 사람이나 맞는 사람이나 다 아프다.

하나님께서는 에스겔을 통해 전하시는 당신의 말씀을 백성들이 잘 듣지 않을 것임을 이미 알고 계셨습니다. 그러나 하나님께서는 에스겔을 보내셔서 백성들이 듣든지 아니 듣든지 쉬지 않고 당신의 뜻을 선포하게 하십니다. 인간 역사의 어둠이 짙어 가더라도 구원 역사에 신실하시려는 것이요, 보다 큰 숲에서 소망의 씨앗을 심으시려는 하나님의 깊은 계획입니다.

하나님께서 말씀하시는 에스겔의 사명은 바로 이스라엘 백성들의 파수꾼이 되는 것입니다.

"인자야 내가 너를 이스라엘 족속의 파수꾼으로 세웠으니 너는 내 입의 말을 듣고 나를 대신하여 그들을 깨우치라" 겔 3:17

백성들의 마음은 이미 완악하여졌기에, 에스겔의 예언을 들으려 하지 않을 것입니다. 이를 아시는 하나님께서는 파수꾼 에스겔에게 그에 따르는 각오와 결단을 요구하십니다.

보석찾기 ○ ● ●

하나님께서는 에스겔이 전하는 하나님의 말씀을 백성들이 무시할 것이라는 것을 알고 계셨습니다. 그럼에도 불구하고 전하라고 하시면서 하나님께서 에스겔에게 요구하시는 자세를 에스겔 3장 4-11절에서 찾아 적어봅시다.

마음나누기 ○ ● ●

당신은 사람들이 듣기 싫어하고 피하는 이야기이지만 공동체의 바른 길을 위해 옳은 말을 해야만 하는 임무를 띠어본 적이 있습니까?

기도 ○ ● ●

부족한 인생들에게 사랑과 구원을 베풀어 주시는 하나님, 주님의 선하신 은혜를 체험하게 하시니 감사합니다. 진실한 믿음에서 나오는 지혜와 용기를 주셔서 하나님의 복음을 전하는 도구가 되도록 인도하여 주옵소서.

나무 130

유다의 징계와 심판

겔 4-24장

찬양 **찬송가 –** 441장 · 비바람이 칠 때와
찬 양 – 마음이 상한 자를

기도 이 시간, 말씀을 통독하는 가운데 하나님의 마음과 뜻을 깨달아 알 수 있도록 지혜를 주옵소서.

마음열기 바벨론에 끌려온 사람들은 "아버지가 신 포도를 먹었으므로 그의 아들의 이가 시다"[겔 18:2]라는 속담을 사용했습니다. 이 속담의 뜻이 무엇일지 이야기해 봅시다.

함께읽기 함께 에스겔 10장을 읽어봅시다.

친해지기 에스겔은 환상 가운데서 하나님의 영광이 예루살렘 성전을 떠나가는 장면을 보게 됩니다. 이 장면이 의미하는 것은 무엇이라고 생각하십니까?

말씀의 숲길로 ○●●

에스겔은 이스라엘이 멸망해가고 많은 백성들이 포로로 끌려온 원인이 바로 이스라엘 백성들의 죄 때문임을 단호하게 지적합니다.[겔 5:5-9] 에스겔은 첫 번째 환상 가운데 이스라엘 백성들의 가증한 행위와 성전을 더럽게 하는 것들을 보게 됩니다.[겔 8장] 그들의 죄악으로 인해 예루살렘은 도저히 그 최후를 피할 수 없었고, 우상으로 가득한 예루살렘은 하나님의 영이 더 이상 거하실 수 없을 정도였습니다.

"그가 내게 이르시되 이스라엘과 유다 족속의 죄악이 심히 중하여 그 땅에 피가 가득하며 그 성읍에 불법이 찼나니 이는 그들이 이르기를 여호와께서 이 땅을 버리셨으며 여호와께서 보지 아니하신다 함이라 그러므로 내가 그들을 불쌍히 여기지 아니하며 긍휼을 베풀지 아니하고 그들의 행위대로 그들의 머리에 갚으리라 하시더라"[겔 9:9-10]

하나님의 영광은 성전 문지방에서 성전 동문으로 옮겨가고 결국은 성을 떠나 산 위에서 예루살렘의 멸망을 바라보고 있습니다.[겔 10:18-19; 11:22-23] 이렇게 하나님께서는 먼저 에스겔에게 예루살렘의 죄악이 얼마나 극심한지를 보여 주십니다. 하나님께서 보여 주신 이상을 통해, 예루살렘에 희망이 없음을 본 에스겔은 이 사실을 바벨론에 포로로 끌려와 있는 백성들에게 전달합니다.

☑ 알아두기

계시일지와 환상기록 / 에스겔의 사역 방식은 계시일지(啓示日誌) 형식이다. 그리고 그는 많은 환상을 본다. 예루살렘에 와서 직접 보고 다시 돌아가서 그발 강가에 끌려와 있는 자들에게 그들이 징계받아야 된다는 사실을 설득한다.

αΩ 원어해설

하존 חָזוֹן

: 묵시 (겔 7:13) / 묵시를 뜻하는 '하존'은 '알다, 인지하다'라는 단어 '하자'에서 파생한 단어이다. 하나님께 속하는 비밀을 하나님의 계시에 의해 직접 보거나 깨닫는 것을 의미한다.

☑ 알아두기

하나님의 영광 / "하나님의 영광"이란 구절은 에스겔의 주요 구절이다. 이 말은 에스겔 1-11장에서 12번 나온다.

"주의 영이 나를 들어 하나님의 영의 환상 중에 데리고 갈대아에 있는 사로잡힌 자 중에 이르시더니 내가 본 환상이 나를 떠나 올라간지라 내가 사로잡힌 자에게 여호와께서 내게 보이신 모든 일을 말하니라" 겔 11:24-25

바벨론에 끌려와 있는 것이 이스라엘을 위한 하나님의 배려요 경륜이라고 설득하는 것입니다. 하나님께서는 포로 된 그들이 이후 새 예루살렘을 건설하는 데 쓰임 받기를 원하셨습니다. 하나님께서 예루살렘을 포기하신 것이 아니기 때문입니다. 하나님께서는 그 소망의 씨앗들이 이스라엘 땅에 새 예루살렘겔 40장을 건설하기 위해서는 기다림의 시간들이 필요하다고 보셨고, 그 훈련 기간으로 70년을 정하신 것입니다.

그런데 끌려온 사람들은 그 사실을 도무지 받아들이지 않습니다. 현재의 상황이 영원한 절망이 아니라 잠시의 징계라는 것을 파악하지 못합니다. 아직 나라가 멸망하지 않았는지라, 어떻게든 빨리 돌아갈 궁리만 합니다. 팔을 걷어붙이고 생업에 달려들 생각은 도대체 하려 하지 않았습니다. 그래서 예레미야는 편지로, 에스겔은 육성으로 계속 그들을 설득한 것입니다.

예루살렘 사회에 어느 것 하나 제대로 되는 것이 없음에도 불구하고 거짓 예언자들의 예언 내용은 '잘 된다, 잘 되어간다' 라고만 하는 값싼 위로였습니다. 이스라엘의 죄악과 패역의 한복판에는 그들의 행위를 정당화해 주고 변호해 주는 거짓 예언자들이 있었던 것입니다. 그런데 어처구니없게도 백성들은 그들의 거짓 예언을 믿고 있었습니다.

“여호와께서 말씀하셨다고 하는 자들이 허탄한 것과 거짓된 점괘를 보며 사람들에게 그 말이 확실히 이루어지기를 바라게 하거니와 그들은 여호와가 보낸 자가 아니라 너희가 말하기는 여호와의 말씀이라 하여도 내가 말한 것이 아닌즉 어찌 허탄한 묵시를 보며 거짓된 점괘를 말한 것이 아니냐” 겔 13:6-7

📖 지혜창고

죄로 얼룩진 약속의 땅 / 하나님께서 이스라엘에게 주신 약속의 땅은 이스라엘이 그 땅에서 행한 모든 가증한 일들로 더러워졌으며, 나아가 하나님의 이름도 더럽힘을 당하셨다. 하나님께서 일찍이 모세의 율법을 통하여 경고하셨던 일이 현실로 나타난 것이다(레 18:26-28).

또한 끌려온 포로민들은 “아버지가 신 포도를 먹었으므로 그의 아들의 이가 시다” 겔 18:2라고 말합니다. 스스로의 죄악을 돌아보기는커녕 조상들에게로 그 책임을 돌리며, 하나님의 심판이 불공평하다고 원망하고 있는 것입니다. 그러나 하나님께서는 백성들이 하나님의 벌을 받는 것은 각 사람이 범한 죄악 때문이라고 분명히 말씀하십니다.

> “그런데 너희는 이르기를 아들이 어찌 아버지의 죄를 담당하지 아니하겠느냐 하는도다 아들이 정의와 공의를 행하며 내 모든 (   )를 지켜 행하였으면 그는 반드시 살려니와 범죄하는 그 영혼은 죽을지라 아들은 아버지의 죄악을 담당하지 아니할 것이요 아버지는 (   )의 죄악을 담당하지 아니하리니 의인의 공의도 자기에게로 돌아가고 (   )의 악도 자기에게로 돌아가리라” 겔 18:19-20

계속되는 심판의 메시지가 예루살렘 멸망 환상을 통해 그

절정에 다다르고 있습니다. 예루살렘의 멸망이 코앞에 다가온 것입니다. 끓는 가마의 비유[겔 24장]가 보여주듯 그 가마의 녹이 소멸될 때까지 환란은 계속될 것입니다.

"그러므로 주 여호와께서 이같이 말씀하셨느니라 피를 흘린 성읍, 녹슨 가마 곧 그 속의 녹을 없이하지 아니한 가마여 화 있을진저 제비 뽑을 것도 없이 그 덩이를 하나하나 꺼낼지어다 … 화 있을진저 피를 흘린 성읍이여 내가 또 나무 무더기를 크게 하리라 나무를 많이 쌓고 불을 피워 그 고기를 삶아 녹이고 국물을 졸이고 그 뼈를 태우고 가마가 빈 후에는 숯불 위에 놓아 뜨겁게 하며 그 가마의 놋을 달궈서 그 속에 더러운 것을 녹게 하며 녹이 소멸되게 하라"[겔 24:6-11]

보석찾기 ○●●

하나님께서 에스겔에게 환상을 보여주신 방법과 그 내용을 에스겔 8장 1-4절과 11장 1-13절에서 찾아 적어봅시다.

마음나누기 ○●●

당신은 현재 당하고 있는 어려움이 억울하게 느껴지고 자꾸 다른 사람 탓을 하게 되었던 적이 있습니까? 그러다가 결국 자신의 잘못이었음을 깨달았을 때의 심정은 어떠했습니까?

기도 ○●●

영광 가운데 계신 하나님, 인간을 한없이 사랑하시지만, 또 공의로우신 하나님께서는 당신의 자녀들의 거룩한 삶을 원하신다는 사실을 늘 기억하게 하옵소서. 오직 하나님만을 경외하고 그 말씀대로 살아감으로 하나님의 영광 가운데 거하도록 인도하옵소서.

나무 131

이방 민족에 대한 심판 선언

겔 25-32장

찬양

찬송가 – 383장 · 환난과 핍박 중에도
찬 양 – 온 땅이여 주를 찬양

기도

이 시간, 말씀을 통독하는 가운데 하나님의 마음과 뜻을 깨달아 알 수 있도록 지혜를 주옵소서.

마음열기

당신은 결국 모든 것이 공평한 저울에 달린다는 것을 믿습니까?

함께읽기

함께 에스겔 28장을 읽어봅시다.

친해지기

이스라엘의 주변 민족들인 암몬, 모압, 에돔, 블레셋, 두로, 애굽 등의 이방 민족들에게 하나님의 심판이 선포됩니다. 그들이 하나님의 심판을 받는 이유는 무엇입니까?

말씀의 숲길로 ○●●

에스겔 24장에서 이스라엘에 대한 심판이 일단락되고, 이제부터 에스겔은 이스라엘 주변국들에 임할 심판을 예언합니다. 지금 남유다가 국가의 멸망을 코앞에 둔 시점에, 남유다 주변의 크고 작은 나라들이 예루살렘을 조롱하고 그들을 약탈하려 합니다. 그러나 자국의 힘을 과시하며 남유다와 주변국들을 괴롭히던 모든 나라들은 하나님의 공의의 심판 대상에서 예외일 수 없습니다.

에스겔 25장에는 암몬과 모압, 에돔과 블레셋에 대한 심판의 말씀이 압축되어 전개됩니다.

"주 여호와께서 이같이 말씀하셨느니라 에돔이 유다 족속을 쳐서 원수를 갚았고 원수를 갚음으로 심히 범죄하였도다 그러므로 주 여호와께서 이같이 말씀하셨느니라 내가 내 손을 에돔 위에 펴서 사람과 짐승을 그 가운데에서 끊어 데만에서부터 황폐하게 하리니 드단까지 칼에 엎드러지리라" 겔 25:12-13

지혜창고

의리 없는 에돔의 멸망 / 형제 나라 이스라엘이 황폐되어 가는 것을 즐거워했던 에돔(겔 25:12-17). 나아가 하나님까지 대적했던 에돔의 죄악을 하나님께서 기억하신다. 그리고 강한 자의 편을 들어 형제의 의리를 저버린 에돔에 대하여 심판을 예언하신다. 뿐만 아니라 오바댜서에서 에돔의 죄악과 그들에게 내리시는 벌을 집중적으로 말씀하신다.

두로도 하나님의 심판으로부터 벗어날 수 없었습니다. 겔 26-28장 그들은 바닷가에 거하면서 국제무역을 통해 많은 부를 축적하였습니다. 그런데 이 축적된 부로 인해 교만해진 두로는 무역경쟁국인 예루살렘이 망하자, 그로 인해 자신들에게 돌아올 이익을 예상하며 기뻐했습니다. 두로의 부귀영화와 그로 인한 교만의 중심에는 두로 왕이 있었습니다. 극도로 교만해진 두로 왕은 급기야 자신을 바다의 신이라 지칭하기에 이릅니다.

"인자야 너는 두로 왕에게 이르기를 주 여호와께서 이같이 말씀하시되 네 마음이 교만하여 말하기를 나는 (   )이라 내가 하나님의 자리 곧 (   ) 가운데에 앉아 있다 하도다 네 마음이 하나님의 마음 같은 체할지라도 너는 (   )이요 신이 아니거늘" 겔 28:2

☑ 알아두기

두로 / 팔레스타인 북방 지중해상에 위치한 강력한 해상 도시국가였다. 육지에서 8km 떨어진 둘레 4km의 바위섬 위에 세워진 두로는 지정학적으로 천혜의 요새였다. 일찍부터 막강한 해군력을 바탕으로, 조개 종류에서 취하는 고귀한 자색 염료를 생산하여 지중해 무역을 장악했다.

최고의 전성기를 맞이했던 두로는 그 어떤 나라도 부럽지 않을 만큼 풍성했으며 아름다웠습니다. 이러한 두로의 풍성하고 강성한 무역이 하나님과 이웃에게 큰 유익이 되고, 영광이 되었더라면 얼마나 좋았을까요? 그러나 안타깝게도 두로는 그렇지 못했습니다. 오히려 무역의 성과가 풍성해질수록 강포해졌고, 자신의 아름다움으로 마음이 교만해졌으며, 영화로움으로 지혜를 더럽히고 말았습니다. 하나님이 은혜로 주신 좋은 기회를 살리지 못하고 결국 자신도 멸망의 길로 빠져들고 말았습니다.

"그런즉 내가 이방인 곧 여러 나라의 강포한 자를 거느리고 와서 너를 치리니 그들이 칼을 빼어 네 지혜의 아름다운 것을 치며 네 영화를 더럽히며 또 너를 구덩이에 빠뜨려서 너를 바다 가운데에서 죽임을 당한 자의 죽음 같이 바다 가운데에서 죽게 할지라 네가 너를 죽이는 자 앞에서도 내가 하나님이라고 말하겠느냐 너를 치는 자들 앞에서 사람일 뿐이

요 신이 아니라" 겔 28:7-9

또한 영원히 강대국일 것 같았던 애굽을 향해서는 무려 네 장에 걸쳐 하나님의 심판이 예언되고 있습니다. 겔 29-32장 하나님을 의지하기보다는 애굽을 의지하여 바벨론의 위협으로부터 벗어나보려 하는 남유다에게 보내는 하나님의 경고입니다. 일찍이 하나님께서는 애굽인들에게 아브라함, 요셉, 모세 등을 통해 하나님의 살아계심을 보여 주셨으나, 그들은 도리어 하나님의 대적자가 되고 말았습니다. 하나님의 역사에 협력자로서 초청받았으나 하나님을 거부하는 자리에 스스로 서고 만 것입니다.

"그러므로 주 여호와께서 이같이 말씀하셨느니라 내가 칼이 네게 임하게 하여 네게서 사람과 짐승을 끊은즉 애굽 땅이 사막과 황무지가 되리니 내가 여호와인 줄을 그들이 알리라 네가 스스로 이르기를 이 강은 내 것이라 내가 만들었다 하도다 그러므로 내가 너와 네 강들을 쳐서 애굽 땅 믹돌에서부터 수에네 곧 구스 지경까지 황폐한 황무지 곧 사막이 되게 하리니" 겔 29:8-10

☑ 알아두기

믹돌과 수에네

- 믹돌 : 출애굽한 이스라엘이 홍해를 건너기 직전에 진쳤던 애굽 최북단의 국경 도시.
- 수에네 : 애굽과 구스(이디오피아) 국경 지대에 위치한 애굽 최남단의 성읍이며 전략 요충지. 오늘날의 '아스완'.

하나님께서는 이렇게 두로와 애굽의 교만을 심판하십니다. 하나님을 거역하는 남유다와 죄악으로 가득 찬 이방 민족들에게 하나님께서는 바벨론 왕 느부갓네살이라는 막대기를 준비하십니다. 그러나 어리석게도 자신들이 느부갓네살 군대의 다음 희생물이라는 사실을 내다보지 못하는 두로와 애굽은 멸망한 예루살렘을 멸시하며 조롱하고 있습니다. 머지 않아 당하게 될 재앙도, 하나님의 놀라운 비전도 그들은 알 길이 없습니다.

하나님께서는 25장부터 시작하여 32장에 이르기까지 지루하리만큼 긴 말씀으로 이방 나라들을 심판하십니다. 그 심판의 내용은 뒤로 갈수록 더욱 어두워만 갑니다. 그러나 하나님께서는 이 어두운 말씀 속에 강한 한 줄기의 광명을 보여 주십니다. 그것은 이 모든 심판을 통해 하나님이 세상의 주인이심을 열방에 알리시겠다는 놀라운 계획입니다.

"내가 바벨론 왕의 팔은 들어 주고 바로의 팔은 내려뜨릴 것이라 내가 내 칼을 바벨론 왕의 손에 넘기고 그를 들어 애굽 땅을 치게 하리니 내가 여호와인 줄을 그들이 알리라 내가 애굽 사람을 나라들 가운데로 흩으며 백성들 가운데로 헤치리니 내가 여호와인 줄을 그들이 알리라" 겔 30:25-26

보석찾기 ○ ● ●

에스겔 26, 28장에서 두로 왕은 그의 교만을 극단적으로 드러내고 있습니다. 두로 왕은 자신을 무엇이라 칭하고 있습니까? 겔 26:1-2; 28:1-5

마음나누기 ○ ● ●

당신은 제국의 흥망사에 관해 알고 있습니까? 다른 민족의 고통을 헤아리지 못하고 자기들만의 유익을 추구하던 제국들의 종말은 어떠했는지 이야기해 봅시다.

기도 ○ ● ●

세상과 역사의 주이신 하나님, 하나님 앞에 죄를 짓는 자는 결코 그 심판을 피할 수 없음을 깨닫게 됩니다. 받은 은혜에 합당한 삶을 살고, 그리스도 안에서 하나님의 구원을 굳게 믿고 나아가도록 인도하옵소서.

나무 132

회복과 새로운 땅

겔 33–48장

찬양 **찬송가 –** 50장 · 큰 영화로신 주
찬　양 – 거룩한 땅에 우리 여기에 서 있네

기도 이 시간, 말씀을 통독하는 가운데 하나님의 마음과 뜻을 깨달아 알 수 있도록 지혜를 주옵소서.

마음열기 당신은 큰 절망 속에서도 진정한 희망을 꿈꾸게 된 어떤 계기를 경험해 보신 적이 있습니까?

함께읽기 함께 에스겔 37장을 읽어봅시다.

친해지기 환상 가운데 하나님께서 데리고 가신 골짜기 가운데 선 에스겔이 본 것은 무엇이었습니까? 그것은 어떻게 변화하였습니까?

말씀의 숲길로 ○●●

남유다에 대한 어둡고 쓸쓸한 예언은 결국 예루살렘 멸망이라는 처참한 현실로 이루어집니다. 예루살렘 멸망 소식이 바벨론의 포로민들에게도 전해집니다. 포로민들에게는 더 이상 돌아갈 곳이 없어진 것입니다.

"우리가 사로잡힌 지 열두째 해 열째 달 다섯째 날에 예루살렘에서부터 도망하여 온 자가 내게 나아와 말하기를 그 성이 함락되었다 하였는데 그 도망한 자가 내게 나아오기 전날 저녁에 여호와의 손이 내게 임하여 내 입을 여시더니 다음 아침 그 사람이 내게 나아올 그 때에 내 입이 열리기로 내가 다시는 잠잠하지 아니하였노라" 겔 33:21-22

그러므로 하나님의 희망은 포로로 끌려온 이들, 바로 예루살렘의 멸망 소식을 전해들은 포로민들입니다. 하나님께서는 이스라엘의 죄악으로 그동안 더럽혀진 하나님의 이름을 다시금 거룩하게 하시려는 계획을 세우십니다. 이를 위해 하나님께서는 이스라엘에게 명령하십니다. 그들의 지난 잘못을 회개하고 하나님의 크신 이름을 위하여 다시 일어서라고 말입니다. 겔 36:24-28

하나님의 **계획**

너희가 희망이다! / 예루살렘 멸망 소식이 바벨론의 포로민들에게 들려 온다. 포로민들에게는 더 이상 돌아갈 곳이 없다. 그러나 하나님의 희망은 바로 예루살렘의 멸망 소식을 전해들은 포로민들에게 있다.

에스겔은 예루살렘 멸망 전에는 죄에 따른 심판을 선언하였습니다. 그러나 에스겔의 '마른 뼈 환상'이 보여주듯, 겔 37:1-10 하나님께서는 나라가 멸망했지만 그럼에도 불구하고 그들에게 놀라운 희망이 있다고 말씀하십니다.

> "또 내게 이르시되 인자야 너는 생기를 향하여 대언하라 생기에게 (   )하여 이르기를 주 여호와께서 이같이 말씀하시기를 생기야 사방에서부터 와서 이 죽음을 당한 자에게 불어서 (   ) 하라 하셨다 하라 이에 내가 그 명령대로 대언하였더니 생기가 그들에게 들어가매 그들이 곧 살아나서 일어나 서는데 극히 큰 (   ) 더라" 겔 37:9-10

하나님께서 계획하시는 이스라엘의 회복은 마른 뼈와 같은 상황에서 생명을 얻게 되는 근본적인 회복이요, 그 땅의 죄악 가운데서 깨끗함을 얻는 죄로부터의 회복이며, 흩어져 있는 민족이 하나가 되는 통일 왕국으로의 회복입니다. 이스라엘은 다시는 나뉘지 않을 것이며, 하나님의 종 다윗과 같이 하나님의 마음에 합한 자의 통치를 받는 하나님 나라가 될 것입니다. 이것이 마른 뼈 이스라엘을 바라보시는 하나님의 꿈이었습니다.

에스겔의 사역으로 말미암아, 포로민들은 바벨론에서의 삶의 기반을 잘 닦기 시작합니다. 그것은 그들이 예루살렘으로 돌아올 때 가져오는 말, 노새, 약대 등의 수효를 보고 알 수 있습니다. 스 2:64-69 그들이 이방 땅에서 세계 여러 민족과 경쟁하여 성공하는 것입니다. 이들의 성공 뒤에는 예레미야와 에스겔의 노력이 있었습니다.

지혜창고

갱신되는 제사 의식 / 남북 분열 왕국 시대를 거쳐 오면서 성전 제사가 타락하자, 하나님께서는 선지자들을 통하여 그런 제사는 받지 않으시겠다며 분을 터뜨리셨다. 그렇다고 성전에서의 제사가 필요 없는 것은 아니다. 그러나 갱신되어야 했다. 하나님께서는 성전 제사의 규정을 반복하시면서 올바른 제사가 드려지길 바라고 원하시는 것이다. 이스라엘 백성들에게 에스겔 46장은 하나님께서 그들의 제사를 다시 받으시겠다는 기쁨의 소식임이 분명하다.

바로 이들의 후손들이 고국으로 돌아가 절망감에 사로잡혀 있는 사람들을 위로하게 됩니다. 에스겔의 표현대로 하면, 바벨론에서 돌아온 사람들은 뜨거운 불에 달궈져 더러운 것이 제하여지고 녹이 소멸된, 다시 말해 '소독된 사람들' 이었습니다.[겔 24:11]

이제 하나님께서는 에스겔을 통해 구원과 회복에 대한 위로의 말씀을 선포하십니다. 하나님께서는 이스라엘 백성들을 그들의 죄로 인해 징계하셨지만, 그럼에도 불구하고 결국에는 다시 회복하실 것임을 약속하십니다. 이것이 바벨론 포로가 되어 절망 가운데 살아가는 백성들에게 하나님께서 주시는 소망입니다.

일전에 에스겔을 죄악이 관영한 예루살렘 성으로 데려가셨던[겔 8-11장] 하나님께서 에스겔을 예루살렘으로 한 번 더 데려가시는데, 이번에 보는 예루살렘은 황무한 현실의 모습이 아니라, 화려하게 재건될 미래의 모습입니다. 현재, 성전은 이미 바벨론 왕 느부갓네살에 의해 처참히 무너져 버렸습니다. 그러나 하나님께서는 성전을 새롭게 재건할 계획을 가지고 계셨던 것입니다.

"서쪽 뜰 뒤에 건물이 있는데 너비는 일흔 척이요 길이는 아흔 척이며 그 사방 벽의 두께는 다섯 척이더라 그가 성전을 측량하니 길이는 백 척이요 또 서쪽 뜰과 그 건물과 그 벽을 합하여 길이는 백 척이요 성전 앞면의 너비는 백 척이요 그

하나님의 **계획**

성전에서의 만남 (겔 41-45장) / 성전 바깥뜰의 척량을 마친 후 천사가 성전 내부로 이동하여 성소와 지성소를 척량한다. 성전에 대한 자세한 척량과 묘사는 성전 중심의 신앙공동체를 기대하는 백성들에게 말 그대로 큰 소망이다. 출애굽한 이스라엘 백성들이 시내 산에서 성막을 완성했을 때 하나님의 영광이 성막에 충만하게 임했다. 솔로몬에 의해 성전이 지어졌을 때 이스라엘 백성과 만방에 하나님의 영광이 드러났다. 이제 그 하나님의 영광이 새롭게 재건되어질 성전과 그 성전을 중심으로 하나님을 섬길 백성들에게 재현될 것이다.

하나님의 계획

예루살렘의 현재와 미래 / 결국 예루살렘은 멸망하고 말았다(겔 33장). 그런데 하나님께서 에스겔에게 두 번째로 보여주신 예루살렘의 모습은 황무한 현실이 아니라 화려하게 재건된 미래의 모습이다.

앞 동쪽을 향한 뜰의 너비도 그러하며" 겔 41:12–14

이 일을 위해 하나님께서는 성전의 구석구석까지 정확한 치수를 척량하시며 매우 자세하게 보여 주십니다. 건물의 광과 장 그리고 벽의 두께까지도 정확하게 알려주십니다. 에스겔은 자신이 본 성전을 이야기하며 포로의 신세로 절망 가운데 빠져 있는 백성들에게 구원의 회복을 외칩니다.

αΩ 원어해설

쉐나트 하데로르
שְׁנַת הַדְּרוֹר
: 희년 (겔 46:17) / '희년'에 해당하는 히브리어 '쉐나트 하데로르'는 문자적으로 '해방의 해' 또는 '자유의 해'를 의미한다. 희년은 안식년을 일곱 번 지낸 다음 해로, 50년이 되는 해를 말한다. 모세의 율법에 의하면 희년에는 모든 종이 자유인이 되고 잃어버린 기업을 주인에게 되돌려 주도록 되어 있다(레 25:10).

또한 하나님께서는 멸망에 이르는 죄악을 범했던 제사장과 레위인들에게도 다시 그들의 사명과 책임을 일깨워 주십니다.겔 44장 이제 회복될 성전에서는 하나님의 명령과 규례가 제대로 지켜져야 하나님과 백성들이 겪었던 고통이 반복되지 않기 때문입니다.

바벨론 포로로부터의 회복을 예언하는 장엄한 장면이 막을 내리고 있습니다. 에스겔서의 마지막을 장식하고 있는 에스겔 48장은 역사의 종결이 아니라 앞으로 펼쳐질 역사에 대한 강한 기대를 담고 있습니다.

보석찾기 ○●●

하나님께서는 에스겔 선지자를 통해 절망 가운데 살아가는 유다 백성들에게 이스라엘의 회복에 대한 소망을 전하십니다. 에스겔 37장에 나타나는, 희망에 대한 두 가지 상징은 무엇입니까?

마음나누기 ○●●

"네가 바로 우리의 희망이야!"라는 말을 듣는다면, 어떤 느낌이 들까요? 그런 말을 들었던 적이 있다면 그때 느낌은 어떠했습니까?

기도 ○●●

마른 뼈와 같이 죽었던 저희를 살리신 하나님의 은혜를 찬양합니다. 어렵고 힘든 상황에 처할지라도 하나님의 도우심과 보호가 있을 줄 믿고 늘 감사할 수 있는 저희들이 되게 하여 주옵소서. 오직 하나님께만 소망을 두고 이 땅의 환경과 처지에 좌우되지 않는 믿음의 사람이 되게 하여 주소서.

숲이야기 2

영성과 사회성의 사람

다니엘

나무 133

바벨론 제국에서의 위인

단 1-5, 7-8장

찬양 **찬송가 –** 497장 · 어디든지 예수 나를 이끌면
찬 양 – 온 세상 만드신 하나님 앞에

기도 이 시간, 말씀을 통독하는 가운데 하나님의 마음과 뜻을 깨달아 알 수 있도록 지혜를 주옵소서.

마음열기 지금 당신의 머리에 떠오르는 성경의 위인은 누구입니까? 그의 청소년기는 어떠했습니까?

함께읽기 함께 다니엘 1장을 읽어봅시다.

친해지기 다니엘은 10대에 뜻을 세웠습니다. 무엇을 위해 뜻을 세웠으며 뜻을 세우기 위해 그가 결심한 것은 무엇이었는지 다니엘 1장 8절에서 찾아 적어봅시다.

말씀의 숲길로 ○●●

하나님의 역사가 가나안 땅에서만 이루어지는 것으로 국한시켜 바라보는 이들에게는 예루살렘의 멸망이 하나님 역사의 종말로 보이겠지만, 하나님의 광대하심을 알고 있는 이들에게는 다니엘과 세 친구의 행적이 결코 작지 않은 하나님의 역사로 인식될 것입니다. 놀라운 사실은 예루살렘에서 바벨론으로 끌려간 다니엘과 세 친구들이 하나님에 대한 신앙을 지키고 있다는 점입니다. 한편 대제국 바벨론이 볼 때에도, 그들은 이후 시대를 짊어질 수 있을 만큼 능력 있는 청년들이었습니다.

다니엘은 다른 유능한 젊은이들과 함께 포로로 잡혀 왔고, 느부갓네살 궁전에서 바벨론식 교육을 엄격히 받습니다. 바벨론에서는 유대인들의 의식을 바꾸기 위해 이름과 식생활부터 바꾸게 합니다. 그러나 뜻을 세우고 왕의 진미와 포도주로 자신을 더럽히지 않은 이들의 얼굴은 진미를 먹는 다른 소년들보다 더욱 윤택하였습니다.단 1:15 하나님께서는 이들에게 지혜와 지식을 더하시며, 특별히 다니엘에게는 이상과 몽조를 깨닫는 지혜도 더하여 주십니다.

어느 날, 느부갓네살의 꿈을 해석하지 못하여 바벨론의 모든 박사들이 죽임을 당할 위기에 처해집니다.단 2:1-6 다니엘과 그 친구들도 이 위험을 피할 수 없었습니다. 바벨론 박사들을 죽이러 나가는 시위

지혜창고

10대에 큰 승부를 걸었던 하나님의 사람

다윗	골리앗 앞에서 목숨을 걸었던 승부	삼상 17장
다니엘	느부갓네살 앞에서 목숨을 걸었던 승부	단 1장

대장에게 소식을 들은 다니엘은 왕에게 기한을 달라 요청하고, 집으로 돌아와 친구들과 함께 하나님께 기도합니다. 다니엘은 느부갓네살에게 꿈을 주신 분이 하나님이시요, 그 비밀 또한 하나님께서 아신다는 것을 정확히 알고 있었던 것입니다.

> "다니엘이 말하여 이르되 영원부터 ( )까지 하나님의 이름을 찬송할 것은 지혜와 능력이 그에게 있음이로다 그는 때와 계절을 바꾸시며 왕들을 폐하시고 왕들을 세우시며 지혜자에게 지혜를 주시고 총명한 자에게 ( )을 주시는도다 그는 깊고 은밀한 일을 나타내시고 어두운 데에 있는 것을 아시며 또 ( )이 그와 함께 있도다" 단 2:20-22

다니엘은 느부갓네살 왕의 꿈을 명쾌하게 해석하고, 또 그 앞에서 담대하게 말합니다. 이렇게 위기 가운데서 느부갓네살 왕의 꿈을 해석하여 역사의 무대에 등장한 다니엘은 이방 민족 가운데서 하나님의 영광을 드러낼 뿐만 아니라, 제국이 바뀐 후에도 그 영향력을 발휘하여 포로로 잡혀온 이스라엘 백성들에게 소망을 안겨 줍니다.

그러나 바벨론에서 하나님에 대한 신앙을 지키며 살아가는 일이 다니엘과 사드락, 메삭, 아벳느고에게 결코 쉬운 일은 아니었습니다. 왕이 세운 금 신상에 절하지 않았다는 이유로 극렬히 타는 풀무 불에 던져지는 일도 있었습니다.

하나님의 사람들

다니엘 / '다니엘'의 이름은 '하나님은 나의 심판자'라는 뜻. B.C.605년경, 어린 나이로 바벨론에 포로로 잡혀간 유다의 왕족으로서 바벨론과 페르시아 제국에서 유력한 정치가이자 행정가로 활약했다. 어린 나이에도 불구하고 율법에 따라 신실한 믿음을 지키며, 노년에도 황폐한 고국 예루살렘을 위해 기도하고 사자굴에서도 건짐을 받은 기도의 사람이었다. 또한 미래에 대한 환상을 보고 '구약의 계시록'이라 불리는 다니엘서를 기록한 대선지자 중 한 사람이다.

"왕이여 우리가 섬기는 하나님이 계시다면 우리를 맹렬히 타는 풀무불 가운데에서 능히 건져내시겠고 왕의 손에서도 건져내시리이다 그렇게 하지 아니하실지라도 왕이여 우리가 왕의 신들을 섬기지도 아니하고 왕이 세우신 금 신상에게 절하지도 아니할 줄을 아옵소서" 단 3:17-18

왕의 명령에도 불구하고, 다니엘의 세 친구인 사드락, 메삭, 아벳느고는 일찍이 조상들이 저지른 우상숭배의 죄악을 물리치고 하나님을 향한 신앙을 굽히지 않았습니다. 그들은 하나님의 보호하심 가운데 생명을 건졌을 뿐 아니라, 그 이방 땅에서 크게 높임을 받게 됩니다.

다니엘은 하나님께서 주신 지혜와 계시를 통해 시대를 읽을 줄 아는 안목을 가지고 있었습니다. 그의 주된 관심사 가운데 하나는 '향후 그의 민족이 어떻게 될 것인가' 였습니다. 그래서 하나님께서는 그로 하여금 깊은 환상의 세계에 들어가게 하셔서 하나님의 뜻을 깨닫게 하십니다. 다니엘에게 보여 주신 환상은 곧 새로운 희망의 말씀입니다. 벨사살 원년에 침상에서 본 네 짐승의 환상으로 말미암아 다니엘은 근심합니다. 단 7:15 그러나 앞으로 되어질 일을 알아 가면서 하나님의 계획과 마음을 깨닫게 됩니다.

네 짐승에 대한 묘사는 현재, 그리고 미래에 나타날 세계 대국인 바벨론, 메대와 페르시아, 헬라 제국, 그리고 로마 제국을 상징합니다. 그리고 심판자이신 하나님께서 보좌에 앉으

☑ 알아두기

다니엘서 기록언어 / 다니엘서는 아람어와 히브리어로 기록되었다. 2장 4절부터 7장 28절까지는 아람어로 기록되었고, 나머지는 히브리어로 기록되었다.

신 장면과 하나님 나라의 모든 권세와 영광을 상속받는 그리스도에 대한 환상은 고난의 현실 가운데 살아가는 이스라엘 백성들에게는 인내와 소망의 메시지였습니다.

네 짐승에 대한 첫 번째 환상이 있은 지 2년 후 다니엘은 숫양과 숫염소에 대한 환상을 보게 됩니다.[단 8:1-14] 나라와 나라들이 서로 반목하며 패권 다툼을 벌이는 모습을 은유를 통해 묘사한 이 환상은 제국들의 교만함을 통렬히 비판하고 있습니다.

▶ 리더십

영성과 사회성 / 다니엘은 깊은 기도 가운데 입신할 정도로 깊은 영성을 가지고 있으면서도 깨어나자마자 곧 왕의 일을 볼 정도로 뛰어난 사회성을 지닌 사람이었다.

그런데 놀라운 것은 이렇게 하나님의 이상을 수일씩 본 후의 다니엘이 보여주는 삶의 태도입니다. "이에 나 다니엘이 지쳐서 여러 날 앓다가 일어나서 왕의 일을 보았느니라."[단 8:27] 이 한 절을 통해 다니엘이 어떤 사람인지 알 수 있을 것 같습니다. 다니엘은 탁월한 정치가였고 행정가였습니다. 그 깊은 환상의 세계에서 나온 후, '왕의 일', 구체적으로 말해, 총리로서의 직무를 수행하고 있는 것입니다. 다니엘은 두 가지 일을 함께 할 수 있는 사람이었습니다. 다니엘은 하나님과의 깊은 만남 속에서 영적인 체험도 하고, 또 일상생활 속에서는 행정 처리와 같은 사회적 일들을 동시에 잘 할 수 있는 사람이었습니다. 일처리 능력과 주의 은혜를 사모하는 마음, 이것은 함께 가야 합니다. 영성과 사회성의 조화, 이것은 성경을 통독하는 중에 만나는 하나님의 사람들의 공통적인 특징입니다.

보석찾기 ○●●

다니엘은 젊은 날부터 하나님의 율법을 지키며 기도에 힘썼을 뿐만 아니라 맡은 직무에 충실한 사람이었습니다. 영성과 사회성을 겸비했던 그의 모습이 잘 나타나는 다니엘 8장 27절을 찾아 적어봅시다.

마음나누기 ○●●

당신은 다니엘처럼 매우 급한 상황에서 하나님께 간절히 기도해 본 적이 있습니까?

기도 ○●●

다니엘과 그의 세 친구의 신앙의 정절을 기억합니다. 하나님 앞에서 언제나 경건하게 행하도록 인도하옵소서. 또한 삶 속에서 맡은 일에 충성함으로 하나님의 영광을 밝히 드러낼 수 있도록 지혜와 용기를 주옵소서.

나무 134

제국 변천의 중심에 서서

단 6, 9장

찬양 **찬송가 –** 497장 · 어디든지 예수 나를 이끌면
찬 양 – 온 세상 만드신 하나님 앞에

기도 이 시간, 말씀을 통독하는 가운데 하나님의 마음과 뜻을 깨달아 알 수 있도록 지혜를 주옵소서.

마음열기 당신은 믿지 않는 친구로부터 큰 신뢰를 받아 훌륭한 친구라는 이야기를 들어 본 적이 있습니까?

함께읽기 함께 다니엘 9장을 읽어봅시다.

친해지기 다니엘은 바벨론에 이어 메대, 바사 제국이 세워지는 과정 속에서 총리라는 높은 자리에 앉아 있으면서도 민족을 위한 기도를 게을리 하지 않았습니다. 특별히 그가 본토로의 귀환을 위해 드린 기도의 내용은 무엇이었습니까?

말씀의 숲길로 ○●●

바벨론 제국이 무너지고 새로운 제국 메대, 바사(페르시아)가 세워지는 과정 속에서도 다니엘은 역사의 중심에 서서 하나님의 뜻을 전합니다. 포로 출신이요, 제국 내 소수민족의 일원인 다니엘이 이방 세계 한복판에서 역사의 주역으로 활동하며 하나님의 영광을 드러낼 수 있는 것은 그가 하나님 앞에서 뜻을 정하고 행한 결과입니다.

다리오 왕은 일백이십 명의 도지사를 세우고 총리 세 명을 세웠는데, 그 총리들 중 하나가 다니엘이었습니다. 왕의 입장에서 보건대, 다니엘에게 국가 일을 보게 하면, 왕인 자신에게 손해나지 않는다는 믿음이 있었습니다.[단 6:1–3] 그래서 다니엘을 전국의 총리로 세우고자 합니다. 자신의 왕국을 더욱 잘 다스리기 위해 쓸 만한 인재들을 찾고 있던 다리오 왕의 눈에 다니엘이 띄었던 것입니다. 그러자 다니엘의 대적자들이 그를 훼방하려고 기회를 찾습니다. 그런데 아무리 털어도 먼지가 나지 않습니다. "총리들과 고관들이 국사에 대하여 다니엘을 고발할 근거를 찾고자 하였으나 아무 근거, 아무 허물도 찾지 못하였으니 이는 그가 충성되어 아무 그릇됨도 없고 아무 허물도 없음이었더라."[단 6:4] 참 대단한 사람입니다.

그러자 반대 세력들이 다른 방법을 구합니다. 말 그대로 모략을 꾸밉니다. 다니엘이 매일 세 번씩 예루살렘을 향하여 기도하는 것을 알고 있던 그들이 '누구든지 30일 동안 왕 외에 어느 신에게나 사람에게 기도하거나 절하면 그 자를 사자 굴에 집어넣도록 하자'고 왕에게 건의한 것입니다. 내막을 모르는 왕은 그 조서에 어인을 찍었습니다.

물론 다니엘은 조서에 어인이 찍힌 것을 알았음은 물론, 그것이 자신을 모해하고자 하는 계략인지도 알았을 것입니다. 하지만 다니엘은 그 모든 것을 알고도 전에 행하던 대로 예루살렘을 향해서 기도합니다. 그는 10대 때부터 뜻을 정하여 기도해온 사람입니다. 70세가 넘어가는 지금도, 하나님을 향한 신앙과 민족의 미래를 위해, 전에 행하던 대로 예루살렘을 향하여 하루 세 번씩 기도하고 있습니다.[단 6:10]

보통 사람이라면 이런 상황에서 측면 돌파를 할 수도 있습니다. 가령 30일 동안만 기도하지 않거나, 다른 사람이 못 보게 문을 닫아놓거나, 아니면 그때만 멀리 출장을 가거나 했으면 될 텐데, 다니엘은 그렇게 하지 않고 정면 돌파를 합니다. 조금만 타협하면 그 위기를 편히 지나갈 수 있는데, 하나님을 향한 마음을 지킨 것입니다.

이제 다니엘을 사자 굴에 넣어야 되는 상황이 되자, 왕이 걱정하기 시작합니다. "왕이 이 말을 듣고 그로 말미암아 심히 근심하여 다니엘을 구원하려고 마음을 쓰며 그를 건져내려고"[단 6:14] 노력합니다. 그러나 한번 정한 법령을 바꿀 순 없었습니다. 어쩔 수 없이 다니엘을 사자 굴에 던져놓고 왕은 밥도 못 먹고 잠도 못 잡니다. 다음날 새벽 일찍, 왕이 달려가 다니엘의 안부를 묻습니다. 잘 아시다시피 다니엘의 몸에는 긁힌 자국 하나 없습니다. 왕이 심히 기뻐합니다. 그리고 온 땅에 조서를 내려 하나님의 이름을 높입니다.[단 6:25–27]

이렇게 다니엘이 시대의 한복판에서 승리할 수 있었던 것은 하나님의 사람 예레미야를 통해 신앙이 계승되었기 때문입니다. 일찍이 오래 전에 예레미야는 포로로 끌려간 사람들에게 편지를 써 보내었습니다.[렘 29:1–23] 하나님께서는 예레미야의 편지를 통해 70년의 기한을 밝히셨습니다.

"여호와께서 이와 같이 말씀하시니라 바벨론에서 칠십 년이 차면 내가 너희를 돌보고 나의 선한 말을 너희에게 성취하여 너희를 이곳으로 돌아오게 하리라"[렘 29:10]

이 편지를 다니엘이 읽었고, 하나님께서 약속하신 연수를 깨닫게 된 것입니다.

"메대 족속 아하수에로의 아들 다리오가 갈대아 나라 왕으로 세움을 받던 첫 해 곧 그 통치 원년에 나 다니엘이 책을 통해 여호와께서 말씀으로 선지자 예레미야에게 알려 주신 그 연수를 깨달았나니 곧 예루살렘의 황폐함이 칠십 년만에 그치리라 하신 것이니라"[단 9:1–2]

다니엘은 그 예언이 실현되어 본토로의 귀환이 이루어지기 위해서는 이스라엘 민족의 회개가 먼저 선행되어야 함을 깨

메시지

세상을 이기는 신앙의 삶 / 예수 믿는 사람들이 세상에 나가서 잘해야 한다. 왜냐하면 우리를 통해 하나님의 이름이 존귀히 여김 받기도 하며, 그 반대의 일이 일어나기도 하기 때문이다. 다니엘은 목숨을 걸고 하나님께 대한 믿음을 보임으로써 오히려 불신자인 왕의 입에서 하나님을 찬양하는 고백이 나오도록 하고 있다.

닫고 이 문제를 위해 간절히 기도하기 시작합니다. 보통 기도 때와는 달리 베옷을 입고 재를 뒤집어쓰고 금식하며 기도합니다.단 9:3 평생의 거의 전부를 그곳에서 살아온 그가 예루살렘을 기억하며 기도하고 있는 것입니다.

> "나의 하나님이여 귀를 기울여 들으시며 눈을 떠서 우리의 ( ) 상황과 주의 이름으로 일컫는 성을 보옵소서 우리가 주 앞에 간구하옵는 것은 우리의 공의를 의지하여 하는 것이 아니요 주의 큰 ( )을 의지하여 함이니이다 주여 들으소서 주여 ( )하소서 주여 귀를 기울이시고 행하소서 지체하지 마옵소서 나의 하나님이여 주 자신을 위하여 하시옵소서 이는 주의 성과 주의 백성이 주의 이름으로 일컫는 바 됨이니이다"단 9:18-19

다니엘은 지금 세상 최고의 자리에 앉아 있습니다. 재물, 권력, 명예도 이미 충분히 누리고 있는 사람입니다. 그런 사람이 예루살렘 성이 황폐된 것을 놓고 기도하고 있습니다. 대개의 사람들은 어느 정도 출세하면 이웃의 황폐된 상황에 대해서는 관심을 놓아버립니다. 그런데 다니엘, 이 굉장한 사람이 황폐된 성소와 처절한 예루살렘의 상황에 관심을 두고 있는 것입니다. 이런 사람을 하나님께서 형통케 하심이 당연한 일 아니겠습니까?

보석찾기 ○ ● ●

페르시아 제국의 다리오 왕이 다니엘을 총리로 세우려 했던 핵심 이유는 무엇이었는지 다니엘 6장 1-4절에서 찾아 적어 봅시다.

마음나누기 ○ ● ●

당신은 '영성'과 '사회성'의 측면에서 균형을 갖추고 있다고 생각합니까? 상대적으로 부족하다고 느껴지는 면을 보완할 방법은 무엇이겠습니까?

기도 ○ ● ●

영성과 사회성을 갖추었던 사람 다니엘을 통해 우리의 삶을 돌아보게 하시니 감사합니다. 그 무엇과도 하나님을 향한 마음 중심을 바꾸지 않게 하옵소서. 또한 우리의 기도 언어 가운데 민족과 공동체를 담아내는 사람이 되게 하옵소서.

나무 135

장래의 일들

단 10-12장

찬양

찬송가 – 533장 · 내 맘의 주여 소망되소서
찬 양 – 약할 때 강함 되시네

기도

이 시간, 말씀을 통독하는 가운데 하나님의 마음과 뜻을 깨달아 알 수 있도록 지혜를 주옵소서.

마음열기

당신은 왜 인생들이 미래에 대해 알고 싶어한다고 생각하십니까?

함께읽기

함께 다니엘 12장을 읽어봅시다.

친해지기

하나님께서 모든 악을 물리치시고 자신의 나라를 건설하실 때에 지금까지 존재한 모든 인류에게 마지막 심판이 행해질 것입니다. 그 심판의 결과는 무엇입니까? 단 12:1-3

말씀의 숲길로 ○●●

페르시아 왕 고레스 삼 년. 이미 고레스 원년에 이스라엘 백성들의 귀환이 이루어진 지 삼 년이 지나고 있습니다. 아마도 이즈음, 예루살렘 본토에서는 스룹바벨과 여호수아의 인도로 성전건축이 시작되었다가 이런저런 어려움의 이유로 성전건축이 잠시 중단된 상황일 수도 있을 것입니다. 이런 고국의 소식들이 들려오고, 전쟁에 대한 이상(異象)이 보이자 다니엘은 큰 근심에 쌓여 금식하며 기도할 수밖에 없었습니다.

"바사 왕 고레스 제삼년에 한 일이 벨드사살이라 이름한 다니엘에게 나타났는데 그 일이 참되니 곧 큰 전쟁에 관한 것이라 다니엘이 그 일을 분명히 알았고 그 환상을 깨달으니라 그 때에 나 다니엘이 세 이레 동안을 슬퍼하며 세 이레가 차기까지 좋은 떡을 먹지 아니하며 고기와 포도주를 입에 대지 아니하며 또 기름을 바르지 아니하니라" 단 10:1-3

이 근심으로 몸에 힘이 빠지고 슬픔에 잠기게 되었습니다. 그러나 하나님께서는 "큰 은총을 받은 사람이여 두려워하지 말라 평안하라 강건하라 강건하라" 단 10:19라고 하시며 다니엘을 위로하십니다.

다니엘 12장은 끝날 이후 상 받을 자의 복에 대한 약속과 넘치는 소망으로 가득 차 있습니다. 어두운 날들을 견디어 내

지혜창고

하나님의 나라를 소망하며 / 이스라엘이 멸망하고 포로의 삶을 살고 있었다. 그 시대 가운데서 쓰여진 글이 다니엘서이다. 이스라엘의 불행이 너무나 크게 보일 그 때, 하나님께서 보여주신 것은 제국들의 흥망성쇠와 도래할 메시아의 나라였다. 이는 곧 그들이 두려워하며 복종하고 있는 제국들이 바람과 같이 사라지고, 결국에는 하나님의 나라가 설 것이라는 강한 메시지였다.

는 사람, 살아계신 하나님을 잊지 않고 그분을 힘의 원천으로 삼는 사람, 그들에게 희망이 있을 것이라는 말씀은 하나님 당신이 희망의 근거임을 스스로 밝히고 계시는 것입니다.

αΩ 원어해설

하탐 חתם

: 봉함하라 (단 12:4) / 원뜻은 '날인하다, 도장 찍다' 이다. 원래는 밀봉하고 도장을 찍어 문서의 기밀을 유지하는 것을 말한다. 여기서는 예언의 말씀을 가슴 깊이 새기고 간직하여 이 말씀이 성취되는 것을 잘 지켜보라는 뜻으로 해석할 수 있다.

> "땅의 티끌 가운데에서 자는 자 중에서 많은 사람이 깨어나 영생을 받는 자도 있겠고 수치를 당하여서 영원히 (   )을 당할 자도 있을 것이며 지혜 있는 자는 궁창의 빛과 같이 빛날 것이요 많은 사람을 옳은 데로 돌아오게 한 자는 (   )과 같이 영원토록 빛나리라 다니엘아 (   ) 때까지 이 말을 간수하고 이 글을 봉함하라 많은 사람이 빨리 왕래하며 지식이 더하리라" 단 12:2-4

소망이 있고 기대가 있기에 인내할 수 있고, 기다릴 수 있습니다. 다니엘서의 마지막 당부도 "기다리라"입니다. 하나님께서는 그의 택하신 백성을 구원하시리라는 영원한 구원의 약속을 통해, 지금까지 환난 속에 빠져있던 이스라엘에게 희망의 메시지를 전하십니다.

보석찾기 ○ ● ●

고국의 소식을 들은 다니엘이 큰 근심에 싸여 있을 때 하나님께서는 다니엘을 위로하십니다. 다니엘 10장 10-19절에서 그 위로의 내용을 찾아 적어봅시다.

마음나누기 ○ ● ●

당신 자신의 미래, 가족의 미래, 공동체와 이 민족의 미래에 대해 당신이 꿈꾸고 소망하는 것 한 가지씩만 이야기해 봅시다.

기도 ○ ● ●

마지막 환난의 때를 견디고 승리하는 자들에게 구원과 평안이 있다고 권고하시는 하나님, 이 땅에 사는 시간을 귀히 여기고 최선을 다해 사는 가운데, 생명을 바쳐 복음을 전하는 자가 되어 하나님 앞에 설 때에 큰 복을 받게 하옵소서.

성경통독원

BibleTongdokWon

숲과나무 성경통독은
하나님의 마음을 따라
성경 66권 전체를 읽어가는 것입니다.

숲과나무 성경통독은
성경의 숲과 나무를 살펴
성경 66권 모두를 하나님의 말씀으로 받아들이는 것입니다.

숲과나무 성경통독은
세계 역사를 경영하시는 하나님의 손길을 확신하며
성경 역사의 흐름에 따라 체계적으로 성경의 숲을 보는 것입니다.

성경통독원은
올바른 성경통독 방법의 보급과 확산을 위해
이 시대 교회, 세계의 그리스도인들과 함께하고 있습니다.